AF253855

OU

RÉVISION

OU

PERDITION,

*Miseremini mei, miseremini
mei, sultem vos, amici mei.*

(Job.)

DÉDIÉE

A M. DE MONTALEMBERT,

Représentant du Peuple.

Prix : 1 franc.

PARIS,

CHEZ TOUS LES LIBRAIRES,

Et rue de la Madeleine, 11.

1851

IMPRIMÉ PAR HENRI ET CHARLES NOBLET,

56, rue Saint-Dominique.

DÉDICACE.

Monsieur,

Vous ne pouvez parler en faveur de
la France et du Gouvernement de l'ordre, sans que votre voix ne m'inspire
l'idée de vous imiter.

Votre discours en faveur de la révision de la Constitution et des vœux exprimés par le pays, m'a fourni les
arguments que je développe dans mon
travail, qui prend pour titre le résumé

de vos paroles : ou révision, ou perdition.

Agréez, Monsieur, la dédicace de
cette brochure, et permettez-moi de me
déclarer, avec le plus profond respect,

Votre très-humble et très-dévoué
serviteur,

BALBO.

Paris, 10 juin 1831.

PRÉFACE.

La France voit dans la date de 1852 un synonyme de 1792. Elle croit voir dans la révision de la Constitution un talisman qui doit la défendre et la protéger contre ses craintes, que les partis ont beau appeler fantasques et puériles, mais que l'expérience et la raison admettent dans l'éventualité de l'exécution de la Constitution dans ses dispositions actuelles.

Sans parler ici des menaces des an-
archistes, menaces trop fréquentes et,
en conséquence, sérieuses, la tergiver-
sation et la métamorphose des ennemis des lois et de la Constitution en
défenseurs improvisés de cette Constitution et de ces lois, la métamorphose
subite de ces hommes, qui adorent aujourd'hui ce qu'ils ont brûlé hier, peut
bien autoriser la défiance, surtout
quand il s'agit d'une affaire de la plus
haute importante, de la révision de la
constitution politique d'un pays comme
la France !

L'imprévu de Février offre un exemple vivant. Le refus obstiné de l'adjonction des capacités à la loi électorale censitaire fut la cause des banquets; les banquets furent la cause de la faiblesse et de la chute de la royauté.

Il y a néanmoins une différence dans les révisions dont il s'agit: là, c'était la minorité qui demandait la réforme, ici, c'est la majorité; là, c'était une partie de la nation, encouragée et poussée par les partis agitateurs; ici, c'est la nation entière, c'est un *10 décembre* pétitionnaire et révisioniste,

qui agit par l'instinct de la reconnais-
sance et de la conservation sociale.

La persistance de la majorité à dé-
nier la nécessité de la réforme électorale, la volonté inébranlable du cabi-
net du 29 octobre, secondée par le
monarque réputé le plus grand politique
de l'Europe, réduisit celui-ci à l'abdi-
cation, à l'abandon des moyens de dé-
fense de la société en face de quelques
barricades mal armées, et à la chute
de la France dans les mains plus qu'in-
habiles des hommes du *National* et de
la Réforme, et enfin, à cette incroyable

confession racontée et publiée par le rédacteur en chef *des Débats :*

« Si je n'ai pas voulu donner l'ordre de
« faire marcher les troupes contre l'é-
« meute, c'est que je savais, qu'en
« 1848, l'opinion publique n'était plus
« avec moi ! »

Eh bien ! s'il est constant, et le doute ne peut être permis qu'aux partis ennemis intéressés de la République et de son Président, que le pays demande la révision de la Constitution, parce qu'il en connaît les inconvénients et en prévoit les périls, que l'Assemblée Nationale se garde bien d'être réduite un jour à s'avouer impuissante, et forcée, en face des dangers présents et irréparables, à dire comme le malheureux roi : « L'opinion publique n'est plus avec moi ! » Et la France alors, et l'Europe ?

Hic lacus, hi montes, hæc tot castella, nunc tot amnès, plena feræ cædis, plena cruoris erunt.

Du sang partout !

CHAPITRE PREMIER.

INTRODUCTION.

« Je ne croirai jamais écrire sur le tombeau de la France ! »

C'est par cette exclamation que le pamphlétaire du droit divin, le détracteur de la gloire de la France, commençait sa brochure imprimée en 1814 à Zurich, intitulée : *Des Bonaparte, des Bourbons, des Alliés.*

Que dirait aujourd'hui l'auteur des *Essais sur les Révolutions*, s'il pouvait encore assister aujourd'hui au spectacle déchirant de son pays, qui, à peine délivré de la rançon despotique des républicains révolutionnaires, demande et supplie ses mandataires de voter la révision de cette Constitution que ces conquérants lui ont imposée sous l'empire de l'état de siège, des clubs, des sociétés secrètes, et des conspirations permanentes ?

Que dirait-il de ces républicains dont il s'est plu à pronostiquer l'avènement violent, de ces patrons *exclusifs* de la souveraineté du peuple, de ces républicains qui, après avoir fait des efforts surhumains pour lui enlever le droit de l'élection présidentielle, l'ont privé du droit inhérent à tout régime républicain et partout pratiqué, de la sanction ou de la révision de la Constitution ?

Que dirait-il de ces républicains, attentant deux fois à l'Assemblée Constituante à peine installée, à la mère de cette même Constitution, avant même l'achèvement de son ouvrage ? Il répondrait : Ces républicains sont des descendants de l'âge de fer, *filius ante diem patrios inquirit in annos.* Le fils n'est pas encore né qu'il conspire déjà contre les jours de son père.

Que dirait-il de ces républicains, de ces nouveaux réformateurs de la civilisation, qui, après avoir voté contre la Constitution elle-même, qui, après avoir eu recours aux moyens les plus infâmes pour entraver la libre manifestation de la volonté nationale dans l'élection de la Constituante et du Président de la République, ont cherché, selon l'expression du Président de cette Assemblée, le concours et l'appui des chefs des clubs, pour empêcher sa dissolution demandée par la nation !

Que dirait-il de ces mêmes républicains, qui, après avoir voulu renverser cette Constitution, en mettant la majorité hors la loi, se sont formés en convention en faisant un appel aux armes et aux étrangers ?

Que dirait-il de ces républicains, qui,

après avoir essayé plusieurs tentatives d'insurrection, à Paris, à Lyon et jusqu'en Algérie, pour renverser cette Constitution et cette République ROYALISTE (expressions tirées des organes républicains), menacent de descendre dans la rue, si la majorité de l'Assemblée ose voter la révision demandée par la nation ?

L'auteur du génie du christianisme s'écrierait, pour répondre à ces questions précises d'une manière péremptoire : Ceux que vous appelez républicains, moi, je les appelle factieux, ambitieux.

Et, si on l'interrogeait sur ses anciens amis et coreligionnaires politiques, sur ces légitimistes qui, après avoir invoqué, selon les circonstances, le bénéfice de l'appel au peuple, refusèrent leur concours et leur vote à la révision de la Constitution demandée par la nation?

Châteaubriand répondrait : Mes anciens amis, ceux que vous appelez mes coreligionnaires politiques, sont des hommes de parti incorrigibles ; ils transforment l'émigration de 1792 en émigration dans le scrutin ? Après une telle conduite, et aujourd'hui que le temps presse, et que la France s'énerve dans l'inertie et dans l'incertitude, elle est fondée à dire à ces transfuges sans patriotisme : Qui ne fait rien pour moi, travaille contre moi !

Et ces légitimistes que sont-ils ? Ils

sont les parodistes de Philippe-Egalité : leur ambition et les intrigues du parti les portent à travailler au refus de la révision et à la perdition du pays. Si jamais leurs vœux sont accomplis, et si leur légitimisme vient s'asseoir sur les ruines sanglantes de la patrie, l'ombre de leur trône sera assez grande pour couvrir leur crime parricide. *Petunt regna per undas.... rubras.*

CHAPITRE II.

NÉCESSITÉ DE LA RÉVISION.

La première nécessité de la révision est tirée de l'absence de la sanction du peuple.

Cette nécessité, on la rencontre dans presque toutes les constitutions émanées des assemblées délibérantes.

L'article 1er du titre VII de la Constitution de 1791, sur la révision des décrets constitutionnels, est conçu en ces termes :

« L'Assemblée Nationale Constituante
« déclare que la nation a le droit IM-
« PRESCRIPTIBLE de changer sa consti-
« tution, etc. »

L'article 115 de la Constitution de
1793 (des conventions nationales) parle
ainsi de la révision :

« Si la moitié des départements plus
« un, le dixième des assemblées pri-
« maires de chacun d'eux, régulière-
« ment formées, demande la révision
« de l'acte constitutionnel, ou le chan-
« gement de quelques-uns de ses ar-
« ticles, le corps législatif est tenu de
« convoquer toutes les assemblées pri-
« maires de la République, pour savoir
« s'il y a lieu à une convention na-
« tionale. »

La Constitution de l'an III admet dans son titre XIII la révision de la Constitution :

« Si l'expérience faisait sentir les in-
« convénients de quelques articles de
« la Constitution, le conseil des Anciens
« en proposerait la révision. »

Et la Constitution de l'an VIII, qui ne stipule aucune forme de révision, dé-clare dans son dernier article (95):

« La présente Constitution *sera of-*
« *ferte de suite à l'acceptation du*
« *peuple français.* »

Même disposition pour la Constitu-tion de l'empire.

La Constitution fédérale des États-Unis (18 septembre 1787) porte à l'ar-ticle V :

« Le congrès, toutes les fois que les
« deux tiers des deux chambres le
« jugeront nécessaire, proposera des
« amendements à cette Constitution. »

La Constitution de l'Etat de Delaware
(Amérique) porte : « Que certaines de
« ses parties ne pourront être altérées,
« changées ou diminuées, sauf le con-
« sentement des cinq septièmes de la
« chambre d'assemblée, et de sept des
« membres du conseil législatif. »

La Constitution de Saint-Domingue
prévoit, dans l'art. 222, les dispositions
suivantes :

« Si l'expérience faisait sentir les
« inconvénients de quelques articles de
« la Constitution, le sénat en propose-
« rait la révision. »

Voilà bien établi le besoin de la révision, prévu et reconnu par les républiques anciennes et modernes, en l'absence de la sanction du peuple.

Il est très-important de faire observer ici que les pères des républicains ennemis et adversaires de la révision, *révisaient* eux-mêmes les Constitutions qui ne leur plaisaient plus et qui pouvaient gêner la marche de leur idée; ils les foulaient aux pieds, témoin la Constitution de 1791, qui ne pouvait être révisée qu'après les vœux exprimés par les trois législatures suivantes (six ans), et qui fut détrônée avec Louis XVI le dix août 1792; et celle de 1793, qui ne fut jamais mise en vigueur, malgré des conditions plus restrictives que celles contenues dans la Constitution de 1848.

Mais ces violations, ces révisions brutales avaient-elles au moins pour prétexte les vœux et le bien du pays, sa tranquillité, sa prospérité? La Terreur fait encore aujourd'hui pousser des cris de désespoir !

Et quand le ministre du travail à tout prix, le condamné de Bourges, disait à la manifestation du 15 mai : « Cette « manifestation est une de celles qui « non-seulement ébranlent, mais qui « renversent ! »

Si ce mouvement républicain et les journées de juin, dont les soldats écrivaient à l'Assemblée cet *ultimatum* insolent : « Que l'Assemblée se retire. » avaient réussi, certes la France ne serait plus aujourd'hui dans le cas de demander la révision de la Constitution, Constitution qu'elle n'a pas acceptée, et contre laquelle elle a protesté par l'élection imposante du Président actuel.

Le général Cavaignac et ses amis prévoyaient très-bien cet évènement, cette protestation, car ils n'ont épargné aucuns frais d'éloquence, de séduction et de promesse, pour entraîner l'Assemblée Constituante à l'élection du Président. Le général ayant pris la parole sur l'art. 46, il s'est écrié : « Que l'Assemblée nomme elle-même le Président de la République, et elle restera ici tant qu'elle voudra. » Cette proposition a encore été présentée, à l'occasion de la dernière lecture, par M. Grévy, l'avocat du *National*.

De tout ce qui précède, ressort la nécessité légale de la révision , qu'on devrait plutôt appeler *acceptation.*

Quod differtur non aufertur.

La nécessité matérielle ressort des inconvénients qu'offre la structure même de la Constitution , inconvénients qui, depuis deux ans , ont failli mettre en péril la tranquillité publique, et l'existence même du pays.

Combien de fois , depuis le 10 décembre , les républicains n'ont-ils pas crié à la violation de la Constitution , et fait d'une honnête fille une véritable prostituée?

La suspension des clubs , dont sont sortis les assassins du général Bréa. et de l'archevêque de Paris : violation de la Constitution !

La répression des réunions clandestines, d'où sont sortis les perturbateurs de la paix publique, ou la fermeture des clubs déguisés : violation de la Constitution !

La loi réglementaire sur la presse, afin de mettre un terme à sa licence effrénée et compromettante : violation de la Constitution !

La loi du 31 mai : violation de la Constitution !

Et que sais-je ?

Il reste toutefois une observation essentielle. Tous ces criards de violation de la Constitution, ils n'ont crié qu'une fois : vive la Constitution ! C'était pour l'introduire dans la machine à papier du Conservatoire des Arts-et-Métiers, et la réduire sans doute à sa nature première!

Peut-on, maintenant, douter que tous ces cris prétextueux de violation de la Constitution, poussés dans la seule intention d'effrayer le pays par des menaces sanglantes, telles que : à bas les riches! à bas les aristocrates! à bas les prêtres! et accompagnées de cette vantardise brutale de mettre à exécution tous ces projets incendiaires et destructeurs de toute société dans un temps plus que prochain, c'est-à-dire en 1852, n'aient pu couvrir d'émotions la France entière, et la décider à parer à ces inconvénients extrêmes en demandant la révision de la Constitution en temps utile, sinon immédiat?

Celui qui contesterait ces faits, malheureusement trop certains, commettrait un mensonge parricide !

Et les manifestes du comité central européen de Londres (1), et les fameux bulletins du comité de résis-

(1) LA SAINTE ALLIANCE DES NATIONS forme le texte d'un nouveau manifeste de ce comité; il a été publié aujourd'hui par les journaux français. Or, voici, entre autres, un des moyens proposés pour arriver à la fin.

« Laissez là vos villes et vos villages, et brû-
« lez vos maisons. Dans la vie patriarcale, les
« hommes bâtissaient-ils des maisons, des villes
« et des villages? Ils étaient égaux et libres;
« la terre était à eux ; elle était également à
« tous, et ils vivaient également partout. Leur
« patrie était le monde, et non pas l'Angleterre
« ou l'Espagne, l'Allemagne ou la France. C'é-
« tait toute la terre, et non pas un royaume ou
« une république dans un coin de la terre.

tance, transcrits sur le catéchisme de Robespierre, ces bulletins attribués par les républicains intéressés à la *réaction* et à la police; ces bulletins sanguinaires et barbares, qui, avec le trop fameux toast de Blanqui, menacent l'Europe entière d'une destruction complète par le fer, le feu et le plomb; cette nouvelle recette inventée pour pétrir du pain avec du fer; ce projet de désarmer la

« Soyez égaux et libres, et vous serez cos-
« mopolites ou citoyens du monde.

« Sachez apprécier l'égalité et la liberté, et
« vous ne craindrez pas de voir brûler Rome,
« Vienne, Paris, Londres, Constantinople, et
« ces villes quelconques, ces pays, ces bourgs
« et ces villages que vous voudrez appeler votre
« patrie.

« L'AMOUR NATIONAL EST DE L'ÉGOISME. »

(*Fragment du programme de la société des démocrates cosmopolites, extrait de la revue de la coalition.*)

bourgeoisie pour armer le *peuple*, afin de rendre plus facile la reçonnaissance des fortunes mal acquises, et faire une vérité de la théorie criminelle et absurde de Proudhon : « la propriété, c'est le vol ! »

Et parce que cette France, jadis si glorieuse, cette France qui est fière d'être appelée la première nation du monde, cette France qui, sous la conduite du grand Napoléon, faisait planer son drapeau et sa volonté sur les deux mondes, veut bien se souvenir d'un si beau temps et du rôle glorieux qu'elle a joué pendant quinze ans sur les destinées du monde entier, après en avoir passé huit à subir les sanglants et criminels exploits des républicains de 1793, ne pourra pas aujourd'hui souffler un seul mot pour invoquer son passé triste et glorieux, son présent périlleux et son avenir menaçant, en un mot invoquer son droit pour terrasser tous ces caméléons politiques, tous ces partis ambitieux et égoïstes, tous ces enfants de la Terreur, et réduire à l'impuissance tous ces cosaques indigènes, plus cosaques que les habitants du Don !

Non ! que toutes ses plaintes, que toutes ses alarmes, que ses vœux déjà exprimés par la presque totalité des conseils généraux et répétés dans les pétitions, arrivent à la tribune de son Assemblée, sa voix stridente et ses cris de détresse n'auront pas été poussés en vain dans le laboratoire des lois, et elle renverra sous terre le démon de l'orgueil, de l'anarchie et de la terreur. Qu'une seule voix crie à ces monstres humains sans entrailles, sans religion et sans famille :

Si quelqu'un de vous veut assassiner sa patrie, il le peut, qu'il vote contre la révision de la Constitution !

Ce langage, ses pleurs, ses plaintes, ses alarmes trouvent-ils des oreilles sourdes et des cœurs endurcis, elle n'a qu'à écrire sur son drapeau l'hymne cé- lèbre qui, il y a cinquante ans, mit en fuite les armées étrangères ; cette fois il chassera la barbarie :

> Allons, amis de la patrie,
> L'heure du danger est arrivée,
> Hâtons-nous, de la barbarie
> L'étendard sanglant est levé !....

Et la patrie sera sauvée. Voilà la nécessité matérielle.

Necessitas non habet legem !

CHAPITRE III.

ADVERSAIRES DE LA RÉVISION.

Les Républicains.

Pour avoir leur République, ils ont assassiné Louis XVI.

Pour avoir leur République, ils ont assassiné le duc de Berry, et envoyé Charles X en exil.

Pour avoir leur République, ils ont, pendant dix ans, ensanglanté Paris, inventé la machine Fieschi, armé le bras des Alibaud, des Meunier, etc.

Pour avoir leur République, ils ont déchiré la Charte de 1830.

Pour avoir leur République, ils l'ont insolemment imposée à la nation, malgré la promesse solennelle de consulter sa volonté.

Pour avoir leur République, ils ont fait le 17 mars, le 16 avril, le 15 mai, les journées de juin, le 29 janvier, le 13 juin, et le complot de Lyon.

Enfin, pour avoir leur République, ils mettent les pieds sur les vœux de la France et ils lui répondent en *souverains* : France, tu n'auras pas la révision !

Les Royalistes.

Pour éviter le retour de la République rouge et du règne des héritiers de la Terreur de 1793, Louis XVIII résiste de toutes ses forces à la demande de la loi du milliard des émigrés, du double vote, etc.

Pour éviter le retour de la République rouge, Lafayette appelle Louis-Philippe « la meilleure des Républiques. »

Pour éviter le retour de la République rouge, M. Thiers imagine les lois de septembre.

Pour éviter le retour de la République rouge, les légitimistes et les orléanistes appuient énergiquement l'élection du 10 décembre, où la France élève à la suprême magistrature de la République l'héritier du nom immortel du

héros du 1er vendémiaire et du 18 brumaire, pour en chasser l'homme du
parti du *National* et du *Siècle*, et le
geolier du champion de la *Presse*.

Cet homme, *qui a la prétention*
d'être le patron *de la République, de la
Constitution et du suffrage universel*,
cet homme, mannequin d'un parti plus
qu'ambitieux, veut aujourd'hui faire
payer à la France les dommages cau-
sés à son parti par la nomination du
neveu de l'empereur Napoléon. Il votera
en conséquence contre la révision de la
Constitution, et il la refusera systéma-
tiquement, parce que les partisans de
la monarchie, ceux de la prorogation,
et les hommes qui veulent organiser la
république en monarchie et non en

socialisme du *National* ou du *Siècle*, en un mot parce que la France, demande cette révision. Il ne reconnaît pas le droit de demander la monarchie (liberté républicaine!). Le pays ne croira à la République que le jour où il aura oublié qu'elle lui a été imposée, et croira que l'on peut changer le Président, c'est-à-dire que, le couteau sur la gorge, on le forcera à nommer le général Cavaignac! Il faut que le pays l'apprenne, car lui, Cavaignac, il n'a aucune confiance dans la personne du Président actuel! Le général repousse donc complètement toute idée de révision, précisément parce qu'elle est demandée par les trois opinions dont il a parlé dans son bureau, c'est-à-dire par

les quatre-vingts centièmes de la France!
Vous avez été les adversaires de mon
élection, moi je serai l'adversaire de
votre révision !

**Les amis de l'ordre..... constitutionnel
et légitime.**

Pour avoir leur monarchie , les amis
de l'ordre... constitutionnel et légitime
continuent leur ligue criminelle avec
les amis du désordre... rouge, ennemis
de la tranquillité et de la prospérité de
la France.

Pour avoir leur monarchie, les amis
de l'ordre constitutionnel et légitime
font une guerre déloyale et honteuse
au Président de la République, leur
co-élu.

Pour avoir leur monarchie , les amis

de l'ordre... constitutionnel et légitime travaillent à la fusion ou à l'effusion...

Pour avoir leur monarchie, les amis de l'ordre... constitutionnel et légitime répondent à la France avec leurs alliés : France, tu n'auras pas la révision !

Voilà donc la coalition-conspiration qu'on pouvait croire dissoute, quasi reconstituée sous le nom de coalition anti-révisioniste, c'est un journal légitimiste bien connu *(le Corsaire)*, qui l'apprend à ses lecteurs. Ses chefs et leurs alliés attendent avec joie la discussion publique du rapport de la commission douteuse, pour faire assaut de principes à la tribune de la France, et se retrancher dans l'article 111 de la

Constitution , pour lui en refuser *léga-
lement* la révision.

M. Thiers, qui reçut à Claremont
la dernière phrase de son fameux discours : « l'Empire est fait, » alla pren-
dre un nouveau mot d'ordre au Gand
de la régence ou de la fusion, mot
d'ordre qui doit régler la conduite des
siens dans cette importante affaire, et
débute dans les bureaux par le silence
et l'abstention , craint-il un second dé-
saveu des électeurs de la Seine-Infé-
rieure ?

Pour tout homme de bien et ami de
son pays , la révision de la Constitution est la seule planche de salut à laquelle la France puisse se cramponner
pour échapper au débordement socia-

liste qui la menace pour le mois de mai 1852. Mais pour les partis ambitieux que rien n'est capable d'arrêter dans leur marche *triomphante*, pour ces hommes habitués à mettre leur égoïsme, leurs passions, leur parti bien au-dessus de l'intérêt public, que peut-il, l'appel au patriotisme? Est-ce qu'on travaille depuis dix longs mois à une coalition pour la faire aboutir au renversement d'un ministère et au re-jet d'une *misérable* dotation? Est-ce que cette double victoire les a déjà ren-dus maîtres du gouvernement de la France, objet de leur convoitise? Ces hommes sans patriotisme, ne res-semblent-ils pas à ces héritiers ruinés, impatients et cupides, qui cherchent à éloigner du moribond le médecin capable de lui conserver la vie, s'ils ne recourent plutôt à d'autres moyens plus violents et plus cruels pour arriver à leur but !

Bocarmés politiques, allons ! le fourneau est allumé, voilà l'alambic, voici le tabac, vite, vite la nicotine : la France veut la révision de la Constitution !

Allons, criez, avec Didon, à vos alliés : *Ferte cito flammas, date vela, impellite remos !*

Mais cette guerre fatale ne fait que commencer, les deux premiers combats ne sont que des escarmouches d'avant-postes ; car, que resta-t-il à la coalition de ses deux victoires *signalées ?* Un ministère transitoire qui garda la place au ministère renversé, l'indifférence légitime du Président, et la réprobation publique manifestée hier avec un enthousiasme indicible dans une partie de la France, sur le chemin de fer de Lyon, accompagnée de plusieurs milliers de pétitions en faveur de la révision.

Sans la persévérance flagrante de la coalition-conspiration, cette circonstance expliquerait à elle seule sa transformation en coalition anti-révisioniste.

En effet, comment expliquer les débats des bureaux dont est sortie la commission de révision, moitié favorable, moitié contraire, sinon de l'antagonisme enraciné de la première coalition contre la personne de Louis-Napoléon et les pouvoirs présidentiels?

La montagne rouge déteste la Constitution, parce qu'elle n'est pas socialiste.

La montagne blanche déteste la Constitution, parce qu'elle n'est pas légitimiste.

Les orléanistes détestent la Constitution, parce qu'elle n'est pas régentiste ni fusioniste.

Il n'y a rien à dire des ambitieux incapables du *National* et du *Siècle*; ils ne cherchent qu'à remonter par tous les moyens au pouvoir qu'ils ont usurpé et souillé pendant dix mois, et redevenir, au besoin, réactionnaires et bombardeurs. Les partis qu'on peut appeler extrêmes, sont parvenus, par leur stratégie, à faire entrer leurs chefs dans la commission

de révision ; l'absence des uns, le silence et l'inaction des autres ont pro-
duit ce *beau* résultat.

Mais cette troisième victoire peut-
elle contenir les Thiers, les Mornay, les
J. Favre, les Baze, les Cavaignac et les
Charras, tous ces fougueux coursiers
de la coalition anti-révisioniste ? Soldats
unis dans la maraude et dissidents dans
le partage ; leur rage grandit à l'appro-
che du dénouement. Droit divin, régence et socialisme, chacun voudra être
le lion de la fable, chacun voudra dire
aux deux autres : Guerre à celui qui
touchera à la troisième ! Une telle
perspective ne peut être douteuse. Un
pays déchiré par de tels partis, quel
espoir peut-il concevoir pour son salut ?

Est-il peut-être destiné, après soixante ans et trois révolutions, à recommencer l'épreuve de sanglants désastres.

Le cheval doit-il invoquer une seconde fois le secours de l'homme, accepter le frein et renoncer à sa liberté? *Non equitem dorso non ferrum depellet ore?*

Oh ! ambition effrenée ! *Manet alta mente repostum, judicium Paridis et rapti Ganymedis honores.* La détresse, les alarmes actuelles du pays, n'ont rien pu sur leurs résolutions parricides ! Les exemples du passé, leur patriotisme d'un jour, les promesses plus que récentes, leurs fautes d'hier, les menaces continuelles de leurs alliés, ne peuvent donc pas ébranler ces criminelles résolutions, *statutum est ?*

Eh bien oui, ils ont juré la perte de leur malheureux pays, de ce pays trop crédule qui eut la faiblesse de se fier à leurs promesses et à leur serment d'ordre et de patriotisme! Mais quel sera donc le prix de cette crédulité? Voilà une réponse impossible! Impossible? que dis-je! La réponse est entièrement écrite en caractères de sang dans l'histoire du personnel de la coalition-conspiration.

Tout, jusqu'à ce jour, ne tend qu'à prouver le renouvellement de la guerre de 1789.

Les royalistes, incapables d'arriver seuls à leur but, s'unissent aux républicains; c'est-à-dire, le parti de la noblesse, après mille tentatives et efforts infructueux, tend la main au tiers-état; celui-ci, plus fort, peut un jour faire payer cher à son imprudent allié sa ruse ou sa confiance. Mais au moins la noblesse paie-t-elle seule les conséquences de sa faute et de l'abandon de son principe? Non! la France entière est rançonnée et couverte de sang français! La royauté elle-même, qu'on voulait sauver et qu'on veut reconstruire aujourd'hui au moyen du refus de la révision, paie plus d'une fois la peine de sa déloyauté. Entourée d'amis des privilèges et des dotations somptueuses, éloignée des vrais Français, que peut-elle, sinon trébucher et tomber? La fatalité la poursuit, la même fatalité va désoler le pays entier!

Les républicains (tiers-état) sont

vainqueurs. La France est-elle sauvée? Non! L'émigration royaliste maintient par ses complots intérieurs et extérieurs la perturbation dans le sein du pays, et la guillotine s'élève triomphante sur les débris d'un trône ensanglanté. La terreur qui est pendant huit ans le régime normal de la France, jette l'épouvante jusque dans les États voisins. *Non leve finitimis hospitibusque malum!* Le triangle républicain, fatigué d'égaliser les *ennemis* de la patrie, finit par passer sur les girondins et les républicains eux-mêmes. La tête de Robespierre tombe au milieu d'applaudissements frénétiques. La loi du talion devient la loi des révolutions et des coalitions, et un 18 brumaire peut seul mettre un terme à un tel régime.

Mais la France actuelle est encore,

grâce à Dieu, très-éloignée d'un 18 brumaire, elle n'est aujourd'hui qu'au point de la coalition de la Gironde et de la Montagne, c'est-à-dire aux préparatifs des plans d'une campagne imminente et terrible. Les royalistes, beaucoup inférieurs en nombre et en audace, ne peuvent que laisser les fruits d'une victoire commune dans les mains de leurs épouvantables alliés.

Malheur à ceux qui écrivent l'histoire pour les autres et la négligent pour eux-mêmes! malheur aux maîtres de coalitions!

Eh bien! comme il faut parer à temps à toute éventualité, comme tout est possible dans l'égarement des passions et dans la confusion de l'égoïsme et du patriotisme, j'ai voulu, par cette bro-

chure, continuer la revue de la coalition;
l'intérêt et la paix de la France et
de l'Europe le commandent.

Les coalisés, malgré la surprise des
premiers jours, malgré leur ton *inno-
cent* et *modeste,* n'ont pas moins con-
tinué leur menées, l'intrigue marche à
leur tête.

Impuissants à nier l'existence et le
but réel de la coalition-conspiration, ils
se perdirent pendant quelque temps en
détails futiles et indiscrets du résultat
réel de leur travail. Les royalistes n'ont
pas passé aux rouges ; les rouges n'ont
pas passé aux royalistes! *L'Ordre,* organe principal de la fusion et de la coalition-conspiration , se fit le maître
d'hôtel de l'Elysée, et compta en vrai
praticien la vente des chevaux, le ren-

voi des domestiques, et les frais de la présidence sans dotation. Que dira-t-il, par exemple, quand il s'agira de régler la dotation de son maître la régence ? Nous croyons ce journal capable de tromper la bonne foi des régentistes, et de passer de nouveau, après avoir vidé leurs poches, dans le camp ennemi. Les ambitieux ordinaires sont-ils jamais contents ? Ils sont comme les républicains leurs alliés. Dans l'opposition, les royalistes mécontents font la guerre à la royauté; les républicains mécontents font la guerre à la république.

Les organes légitimistes ne parlent déjà plus de la dotation refusée; ils ne craignent plus l'empire. France, émerveille-toi, rassure-toi, la dotation est refusée, l'empire écrasé, et ta tranquil-

lité, ta prospérité assurées ! *Ter si re-*
surgat murus Æneus, ter pereat meis
argivis ! Et ils en sont si certains qu'ils
passent leur temps à conter l'apparition
du nouveau Moreau, *du général en chef*
des prétoriens en débauche (1) dans leurs
salons et l'accueil enthousiaste dont il est
l'objet; à faire grand bruit d'un programme d'Henri V, calqué sur le manifeste
électoral du général Cavaignac, en forme
de réponse au discours prononcé le 16
janvier par un des chefs de la coalition-
conspiration ; ils discutent enfin une
thèse de droit romain politico-légiti-
miste, pour ne pas dire absurde ; un
contrat de vente ou de cession sans

(1) Les faits auxquels a fait allusion, dans
son discours, le général Changarnier, se sont
passés sous son commandement.

droit de résolution ! Par antithèse, ils se récrient contre les charlatans de la destruction totale de la misère, en leur indiquant le moyen infaillible pour y parvenir. « Donnez-nous la stabilité du pouvoir, et la misère disparaîtra avec l'instabilité du gouvernement. » Partant, ils travaillent à la démolition du gouvernement actuel par le refus de la révision ! Que répondraient-ils si la misère leur disait : Une royauté constitutionnelle et quasi-nationale m'a coûté 15 millions par an pendant 18 ans, et elle a laissé en partant quelques monuments tels que l'Arc-de-Triomphe, qui rappelle notre gloire, une grande quantité de voies ferrées qui témoignent de la prospérité passée du pays. Votre royauté légitime m'a coûté 30 millions

par an pendant 15 ans, et n'a laissé
derrière elle que le cimetière de la
Madeleine, monument de l'émigration
et de la coalition avec les ennemis de
la France, quelques canaux inachevés,
et le souvenir du milliard des émigrés.
Rendez-moi ce milliard et les 270 millions excédant de la dotation, rendez
au neveu de l'Empereur les richesses et
les économies de votre prisonnier de
Sainte-Héléne; mettez un terme à votre
coalition-conspiration, dissolvez la coalition anti-révisioniste, en votant la révision de la Constitution ; secondez
loyalement et patriotiquement le gouvernement national du Président de la
République, et la misère diminuera et
continuera à être soulagée, sans qu'il
faille arriver, par la guerre civile et le

carnage, au rétablissement de votre pouvoir *légitime*?

M. Thiers, au contraire, devient infatigable; son dévouement à la régence va jusqu'aux sacrifices, aux insultes et au mépris du gouvernement parlementaire *qu'il veut conserver à tout prix.*

Un journal à deux sols, et à titre menteur, le *Messager de l'Assemblée,* est fondé par lui et ses amis. Les articles de ce nouvel organe de la coalition anti-révisioniste ne tendent qu'à discréditer et attaquer journellement le pouvoir exécutif de haut en bas.

Leur esprit est un esprit de charivari; en donnant à son nouveau journal le titre de *Pamphlet de l'Assemblée,* l'auteur serait resté dans le vrai et dans les limites d'une prudence nécessaire.

Aucun gouvernement ne peut plus rien *pour* M. Thiers , mais ce journal ne peut-il pas faire une seconde fois le miracle de l'ancien *National ? En quomodo magister antonii ex oratore orator factus sit !*

Un mot maintenant sur le manifeste de Wiesbaden.

On n'a pas sans doute encore oublié qu'après le trop fameux manifeste légitimiste de septembre dernier, le *roi* de France institua à Paris un nouveau comité directeur, « chargé de régler, en son nom , la conduite du parti dans l'Assemblée. » Eh bien ! il paraît que la bonne foi qui , si elle était bannie du monde , devrait se trouver dans le cœur d'un roi, n'est pas dans celui de S. M.

Henri V, en écrivant à M. Berryer, pour le complimenter sur son discours et sa coopération à la coalition-conspiration, a la naïveté royale et légitime de s'exprimer en ces termes :

« Vous savez, quoique j'aie la dou-
« leur de voir quelquefois mes pensées
« et mes intentions dénaturées et mé-
« connues, l'intérêt de la France, qui
« pour moi passe avant tout, me con-
« damne souvent à l'inaction et au si-
« lence, tant je crains de troubler son
« repos, et d'ajouter aux difficultés et
« aux embarras de la situation ac-
« tuelle ! »

Peut-on supposer si peu de mémoire *à ses sujets*, pour oser tenir un tel langage royal, pour insulter si effrontément aux malheurs de son pays, le lendemain d'une monstrueuse coalition, le lendemain de l'acceptation de *l'ultimatum virgulé du général Cavaignac ?* S. M. n'est pas étrangère au comité directeur légitimiste, donc elle n'est pas étrangère à la coalition anti-révisioniste.

S. M. n'est pas étrangère à la coalition anti-révisioniste, donc elle n'est pas étrangère à la responsabilité qui doit peser sur les auteurs du ralentissement du travail, de la confiance et de la décroissance alarmante de la prospérité publique.

La coalition anti-révisioniste est l'œuvre de S. M., donc S. M. n'est pas bien venue et n'est pas dans le vrai, quand elle daigne affirmer à son avocat, « que l'intérêt de la France, qui pour

« elle passe avant tout, la condamne
« souvent à l'inaction et au silence,
« tant elle craint de troubler son repos
« et d'ajouter aux difficultés et aux
« embarras de la situation actuelle ! »

Si, pour S. M., deux manifestes
royaux, les discours, les banquets et
les voyages de Wiesbaden et de Claremont, et la création de deux comités
légitimistes dans l'espace de neuf mois,
sont la preuve de son inaction et de son
silence, la France a le droit de dire à
l'ENNEMI *légitime* de son repos : S. M.
est dans la vérité vraie de la coalition
anti-révisioniste.

S. M. a ordonné le réjet de la dotation
demandée par l'élu de la nation et celui de la révision de la Constitution demandée par la nation; celle-ci a donc le

droit de dire à S. M. qu'elle ne connaît pas la parole des rois !

S. M., qui était encore hier l'*adversaire absolu* de l'appel au peuple, se déclare aujourd'hui partisan de la fusion ! S. M. se trompe peut-être, elle voulait dire de l'effusion... du sang; car être « l'adversaire absolu de l'appel au peuple » sous le régime du vote universel, et vouloir annuler d'un coup de plume sept millions de souverains, en formant la coalition anti-révisioniste, ce ne peut être que le désir royal et *légitime* d'attendre de la guerre civile et peut-être de la ruine de la France, la consécration de la fusion en question ; et les coalitions, ouvrage de S. M., sont presque un moyen infaillible pour arriver à cet *heureux* dénouement !

S. M. cimente par la coalition anti-
révisioniste une entente cordiale avec
les assassins de son auguste père, ennemis inébranlables du principe monar-
chique, et avec les geoliers de son auguste mère !

Et, si les mânes du père et du grand'-
oncle de S. M. posthume, si le malheureux Louis XVI et le duc de Berry
criaient à S. M. du fond de leurs tom-
beaux : « Mon neveu, mon fils, que vous
« avons-nous fait, pour que vous ou-
« bliiez vos devoirs sacrés en donnant
« la main aux fils, aux admirateurs
« de nos assassins, et à nos assassins
« eux-mêmes? »

S. M. répondrait : « Mânes de mes
« ancêtres, dormez en paix ; je cède à
« l'ambition du parti, je cours après

« votre héritage à travers les ruines
« fumantes de la France : la fin justifie
« les moyens ! »

Quant à la fusion, S. M. a dû éprou-
ver cette satisfaction de voir MM. Berryer et Marc Dufraisse animés de la
même pensée sur le rappel de la loi de
proscription, pensée qui consiste dans
la ferme résolution « de ne pas donner
aux partis l'occasion de troubler la tranquillité du pays ! »

Voilà encore un accord admirable
qui promet pour la coalition anti-révisioniste et la fusion !

Que S. M. doit être satisfaite de son
ouvrage.

Grand roi, cessez de mentir, ou je
cesse d'écrire !

CHAPITRE IV.

CONCLUSION.

La France demande instamment la révision de la Constitution pour ne pas se trouver acculée dans l'impasse trop périlleuse de 1852.

La France demande instamment la révision de la Constitution pour ne pas recommencer trop tôt les épreuves d'un nouveau 24 février autrement menaçant.

Enfin, la France demande en général la révision de la Constitution dans l'intérêt *général* de sa conservation et de sa tranquillité ; elle voit la nécessité, aujourd'hui irrécusable, de continuer,

encore pendant quelque temps, le régime actuel sous la présidence de son
élu ; elle croit que l'antagonisme et
l'égoïsme des anciens partis lui conseil-
lent le *statu quo*, accompagné de changements urgents dans la Constitution,
changements que l'expérience a décla-
rés indispensables.

Si l'égoïsme et l'antagonisme des partis n'étaient pas encore assez palpables,
si les motifs de leur opposition à la révision n'étaient plus qu'évidents, le ton
des observations amères avec lesquelles
les feuilles légitimistes annoncent à leur
parti une proposition de révision dépo-
sée par M. Creton, suffirait pour les
rendre irréfutables.

Ces *Cicero pro domo sua* légitimistes,
s'expriment à peu près en ces termes :

M. Creton a déposé aujourd'hui une

proposition d'appel au peuple sur la question : République ou Monarchie?

Attendez! dans le cas où le peuple répondrait *Monarchie*, ce serait l'Assemblée nommée qui désignerait le roi.

C'est la proposition de notre partisan M. de la Rochejaquelein, défigurée et travestie sous une défroque orléaniste, et peut-être même bonapartiste.

Le carnaval est pourtant passé! A bas les masques!

La proposition de M. Creton amènerait ce résultat si elle était adoptée :

L'Assemblée Constituante étant composée de républicains, de légitimistes, d'orléanistes et de bonapartistes, la république sortirait inévitablement de la division des trois partis monarchiques, qui préféreraient la république à toute monarchie qui ne serait pas la leur; les légitimistes y seraient contraints par leur principe, les orléanistes par leur passion !

Qu'on cherche la France dans ces observations plaintives et passionnées, elle y brille par son absence!

Mais ces petites tracasseries, ces petites ruses des partis, ne sont rien en regard des malheurs incalculables et terribles qui peuvent sortir du triomphe de la coalition anti-révisioniste, de cette nouvelle boîte de Pandore!

Il est impossible de conserver un simple doute sur les résultats désastreux d'une telle victoire. En 1852, et peut-être avant, le gouvernement national renversé par la force même des choses (car, comment le pouvoir législatif et le pouvoir exécutif pourront-ils, à leur lit de mort, conserver et user de la même énergie pour comprimer, dans un si critique moment, les efforts criminels de l'anarchie aussi audacieuse et inquiétante dans les temps ordinaires?), le socialisme abject, comme l'appelle M. Proudhon, installera son comité de salut public dans le pavillon de Flore, et la Terreur poursuivra sa marche triomphante « en mettant à la fenêtre » les chefs des deux coalitions qui lui auront forcément abandonné la victoire. M. de la Rochejaquelein se rappellera d'avoir mis la nation avant la loi, et personne ne pourra même plus s'écrier comme Ovide: *Unica spes mansit!*

La terreur, l'arme vulgaire des tyrans, fut maniée assez adroitement par

Robespierre ; ses admirateurs, ses successeurs, seront-ils incapables d'un tel courage et d'une pareille adresse ?

Trouvera-t-on en 1852, dans les caisses de l'État et dans les bourses épuisées des contribuables, l'argent nécessaire pour alimenter les orgies des Sobrier de la préfecture de police, des Tuileries, de l'Hôtel-de-Ville, du Luxembourg ; pour payer les frais de cirage des bottes du maire de Paris (1), pour nourrir deux cent mille fainéants aux ateliers nationaux, afin de leur donner le temps et les moyens d'organiser de nouvelles journées de juin ? Enfin, le

(1) La note des frais de M. Marrast, maire de Paris, comprenait un article sous cette dénomination.

peuple souverain sera-t-il encore *généreux* comme en février 1848 ?

Oui, si le *peuple souverain* pouvait encore chanter dans les rues, comme en 1848, ce refrain favori :

> Nourris par la patrie,
> C'est le sort le plus beau
> Le plus digne d'envie !...

Mais la perspicacité la plus vulgaire croit déjà entendre un nouveau Rewbel proposer un impôt de 60 millions sur Paris, payable en 24 heures, et sans doute celui d'un milliard sur la France ; et un autre Barras « reprocher à Robespierre D'AVOIR ÉTÉ TROP DOUX. »

Les membres de la commission de révision qui appartiennent à la coalition anti-révisioniste, sont condamnés par leurs partis à résister au vœu du pays, et à porter la responsabilité d'une fausse position si bien indiquée par M. de Montalembert, par ce véritable Français, par cet ami inébranlable de la tranquillité et de la prospérité de la France.

Mais le pays, qui a le droit non seulement de demander, mais d'exiger l'abnégation de tous les partis, quand il s'agit pour lui *d'être ou de ne plus être*, ne manquera pas de se montrer reconnaissant pour les sacrifices qu'ils auront fait à son repos, et à sa prospérité ; il sera sévère pour les partis dont les calculs tendraient à exploiter ses souffrances, car c'est pour les diminuer et ne pas tomber dans la perdition, qu'il demande à grands cris la révision de la Constitution.